अनुद्धा

काव्य संकलन

ज्योति मित्रा

notionpress.com

INDIA · SINGAPORE · MALAYSIA

ISBN 979-8-89777-892-8

स्तुति

या कुन्देन्दुतुषारहारधवला या शुभ्रवस्त्रावृता
या वीणावरदण्डमण्डितकरा या श्वेतपद्मासना।
या ब्रह्माच्युत शंकरप्रभृतिभिर्देवैः सदा वन्दिता
सा मां पातु सरस्वती भगवती निःशेषजाड्यापहा॥

शुक्लां ब्रह्मविचार सार परमामाद्यां जगद्व्यापिनीं
वीणा-पुस्तक-धारिणीमभयदां जाड्यान्धकारापहाम्।
हस्ते स्फटिकमालिकां विदधतीं पद्मासने संस्थिताम्
वन्दे तां परमेश्वरीं भगवतीं बुद्धिप्रदां शारदाम्॥

(जो विद्या की देवी भगवती सरस्वती कुन्द के फूल, चंद्रमा, हिमराशि और मोती के हार की तरह धवल वर्ण की हैं और जो श्वेत वस्त्र धारण करती हैं, जिनके हाथ में वीणा-दण्ड शोभायमान है, जिन्होंने श्वेत

कमलों पर आसन ग्रहण किया है तथा ब्रह्मा, विष्णु एवं शंकर आदि देवताओं द्वारा जो सदा पूजित हैं, वही संपूर्ण जड़ता और अज्ञान को दूर कर देने वाली मां सरस्वती हमारी रक्षा करें शुक्लवर्ण वाली, संपूर्ण चराचर जगत् में व्याप्त, आदिशक्ति, परब्रह्म के विषय में किए गए विचार एवं चिंतन के सार रूप परम उत्कर्ष को धारण करने वाली, सभी भयों से भयदान देने वाली, अज्ञान के अंधेरे को मिटाने वाली, हाथों में वीणा, पुस्तक और स्फटिक की माला धारण करने वाली और पद्मासन पर विराजमान बुद्धि प्रदान करने वाली, सर्वोच्च ऐश्वर्य से अलंकृत, भगवती शारदा (सरस्वती देवी) की मैं वंदना करती हूं।)

समर्पण

जिन्होंने ज्ञान मंदिर का रास्ता दिखाया

जीवनदायी माता-पिता को

श्रीमती विजय लक्ष्मी एवं श्री रघुपाल वर्मा

भूमिका

ऐसा माना जाता है कि कवि की न कोई जाति होती है और न कोई धर्म। कवि का कवित्व सारे रिश्ते-नाते, जात-पात और धर्म-संप्रदाय से परे होता है। सृजनकार भावनाओं से पूर्ण होता है और वह भावनाओं को जीता है। भावनाओं की भी अपनी अलग दुनिया होती है। उनकी अपनी अलग पहचान होती है। भावनाओं पर आधारित रिश्ते निःस्वार्थ होते हैं। ये रिश्ते कैसे और कब बन जाते हैं पता ही नहीं चलता। इसमें एक खून, एक जाति, एक धर्म और एक संप्रदाय का कुछ लेना-देना नहीं होता। भाषा की अपनापन, काव्य में अनुराग, बोली में सौहार्द खून के रिश्तों को भी पीछे छोड़ देता है। ऐसे रिश्ते सुदृढ़ और सशक्त होते हैं और वक्त के साथ निखरते हुए और मज़बूत होते जाते हैं। सच कहूँ तो मेरी मुलाकात ज्योति जी से कभी नहीं हुई। हाँ आभासी कार्यक्रम के माध्यम से एकाध बार हम

रूबरू अवश्य हुए हैं। एक बार फोन पर बात हुई और न जाने उन बातों में क्या था कि बगैर मिले हम इतने करीब हो गए। मुझे नहीं पता कि मुझमें ऐसा क्या उन्होंने पाया कि अपनी प्रथम काव्य संग्रह के लिए भूमिका लिखने की अहम् जिम्मेदारी मुझे सौंप दी। मुझ जैसी अजनबी लेखिका के प्रति प्रेम, अनुराग और विश्वास ने मुझे कृतज्ञता से भर दिया और इस अपनापन को अपना सौभाग्य मानते हुए एक छोटी बहन की प्रथम काव्य संग्रह के लिए भूमिका लिखना मैंने सहर्ष स्वीकार कर लिया।

सृजन का कार्य आसान नहीं होता है। करुणा और संवेदना साहित्य का मूल तत्व माना गया है। लाख कोशिशों के बाद रचनाकार अपनी भावनाओं को शब्दबद्ध कर पाता है। हृदय का उद्वेलन कोरे कागज को जब शब्दों का जामा पहनाता है तो काव्य रूप में निखरता है। इसके पीछे अनगिनत बेचैन दिन और कई अनसोई रातें होती हैं। वाल्मीकि को आदि कवि बनने के पीछे क्रौंच पक्षी का वियोग, करुणा और पीड़ा है जिससे प्रेरणा पाकर कवि ने विश्व को रामायण जैसा आदिग्रंथ दिया। अग्नि में तपकर ही कुंदन सोना का रूप धारण करता है। कवि बनने के लिए भी मानसिक द्वन्द्व, पीड़ा और छटपटाहट से गुजरना पड़ता है।

छंद, दोहा, चौपाई, कुंडलियाँ, सोरठा, गीत गजल आदि के रूप में काव्य विधा की यात्रा बड़ी लंबी रही है। सृजनकारों ने विभिन्न रूपों

में काव्य की रचना की। आजकल कविताओं का गद्य रूप अधिक प्रचलन में है जिसे अकविता या नई कविता के रूप में जाना जाता है। तुलना करें तो इस माध्यम से कवि अपनी बात सरलता से कह पाता है। उसे छंदों के जाल में फँसकर विचलित होने की आवश्यकता नहीं पड़ती है। शिल्प और भाव को एक साथ पिरोना कठिन कार्य है। या तो भावनाओं को उचित शब्द नहीं मिल पाते हैं या तो छन्द नहीं बन पाते हैं। कम से कम शब्दों में अधिक से अधिक बातें कह देना ही कविता कहलाती है।

ज्योति मित्रा अपनी प्रथम काव्य संग्रह "अनुदा" के माध्यम से काव्य जगत में हस्ताक्षर के साथ पदार्पण कर रही हैं। एक गृहणी जिसने परिवार के लिए अपनी बनी बनाई पेशा त्याग दिया ताकि बच्चे का लालन पालन ठीक से हो सके और उसे माता पिता दोनों का प्यार मिल सके। जमाना कितना भी आगे बढ़ जाए। स्त्रियाँ भले ही चाँद पर चली जाएँ परंतु यदि पेशा और परिवार के बीच चुनाव करने की बात आती है तो स्त्री अपने परिवार या बच्चे को चुनना पसंद करती है। इसके लिए उसे कोई जोर जबरदस्ती करने की आवश्यकता नहीं है। यह उसका नैसर्गिक गुण है। वह इतनी संवेदनशील और ममता से ओत-प्रोत होती है कि बच्चे को नजरंदाज नहीं कर पाती। यदि किसी कारणवश करती भी है तो अपराधबोध से घिर जाती है। वात्सल्य भाव उसे कुछ हद तक स्वार्थी भी बना देता है। विशेषकर बच्चों की देखभाल के लिए किसी अन्य पर वह विश्वास नहीं कर पाती है। चाहे

ध्यान रखने वाला स्वयं बच्चे का पिता ही क्यों न हो। यही वजह है कि अधिकतर स्त्रियाँ माँ बनने के बाद नौकरी को उतना तबज़्ज़ो नहीं दे पाती है और पुरुष की तुलना में व्यावसायिक क्षेत्र में पीछे रह जाती हैं। ज्योति मित्रा ने भी मातृत्व और पेशा में से मातृत्व को चुना। इसका एक लाभ यह हुआ कि उनके काव्य प्रेम को फलने फूलने का अवसर मिल गया। नौकरी की कमी को दूर करने के लिए उन्होंने सृजन को माध्यम बनाया। दक्षिण भारत में विशेषकर राजमुंद्री जैसी जगह में जहाँ हिन्दी को दिशा मिलना असंभव सा है वहाँ इन्होंने अपनी लेखन को संवारा, संभाला। कई साहित्यिक संस्थाओं से जुड़ीं और न सिर्फ़ स्वयं को एक कवि के रूप में पहचान दिलाई बल्कि इस काव्य संग्रह के माध्यम से विधिवत कवयित्री के श्रेणी में अपना नाम दर्ज कराने में सफल रहीं।

स्त्री मन को एक स्त्री से अधिक कोई नहीं समझ सकता। स्त्री की कोमलता उसका सबसे बड़ा गुण होता है। स्त्रीत्व उसकी पहचान होती है। वह जननी है। शक्ति स्वरूपा है। वह माता है इसलिए संवेदनशील है। उसके गुणों को उसकी कमजोरी मानने की भूल करना सृष्टि के लिए विनाशक है। अतः कवयित्री चेताती है कि-

सृष्टि की रचना का तू ही है अनुपम आधार

नारी - बोध पर मत करना प्रहार

लेकर आंखों में सुलगते अंगार,

छिन में अंत कर दे काल्पनिक संसार
शक्ति देवी है ये अपार

मानवता के क्षरण अशुभ संकेत है जो मनुष्य को विनाश की ओर अग्रसर करता है। मनुष्य जितना विकास की ओर उन्मुख हो रहा है उतना ही स्वार्थी होता जा रहा है। आँखों पर अहंकार की पट्टी चढ़ा लिया है और इंसानियत का गुण भूलता जा रहा है। मनुष्य का सबसे बड़ा धर्म है निःस्वार्थ सेवा भाव। सबकी भलाई में अपनी भलाई मानने में ही सबकी भलाई है। इसी के माध्यम से संस्कृति के क्षरण को रोका जा सकता है। कवयित्री मानव को पाषाण युग में ले जाकर उनकी आँख खोलना चाहती हैं कि-

"पत्थर युग में जबकि मानव पत्थर नही,

न किताबी ज्ञान, न विज्ञान कहीं,

अपितु, कर गया मानव का कल्याण

निस्वार्थ होकर भूख की अग्नि,

हाथ का लोहा कर गया प्रदान"

कवि संवेदनशील होता है। प्रकृति के हर एक कण में वह जीवन तलाश लेता है। उनके प्रति प्रेम और पीड़ा दोनों ही अपने अंतर्मन में महसूस करता है। ज्योति जी का यह काव्य संग्रह उनके प्रकृति प्रेमी होने का सबूत है। वह मनुष्य को अपने आपको सर्वश्व मानने के भ्रम को तोड़ती हैं और कहती हैं-

"बाहों में भींच के देखा है क्या कभी?
कानों में कलरव सुना है क्या कभी?
हवा, पानी भी है विश्वास जगाते,
नही है इसमें कोई अतिशयोक्ति।।"

कवि वह होता है जो मानव मन में उतरकर उन्हीं के बातों को अपने शब्दों में गढ़कर उन तक पहुंचाता है। वह स्वयं को स्वयं से परिचय कराता है। कवि की कल्पना का पार पाना नामुमकिन है। जहां सूर्य की किरण भी नहीं पहुँच सकती कवि की सोच वहाँ तक पहुँच जाती है। "जहां ना पहुंचे रवि वहाँ पहुंचे कवि" कथन की सार्थकता सिद्ध करते हुए कवयित्री कहती हैं कि-

"अगम्य है सोच एक कवि की,
वहाँ भी पहुँच जाए,
जहां ना पहुंचे किरण रवि की।।"

रचनाकार का सबसे अंतरग मित्र कागज होता है। जो कुछ वह किसी से साझा नहीं कर पाता वह कागज पर उतार देता है। अपना सुख-दुख, हंसी-आँसू कागज को अर्पित कर देता है। अपनी पीड़ा उसे अर्पित कर मन का बोझ हल्का कर लेता है और चैन की नींद सोता है। परंतु कवयित्री का संवेदशील मन उस कागज के प्रति भी चिंतित है जो सबकी पीड़ा के बोझ से दबकर भी चुप है-

"कभी ठहाका, कभी आंसू की बूंदों से है नहलाता,

मन खुद को हल्का कर, कागज़ को कर दे भारी...

न शिकवा, न शिकायत ऐसा है दोनो का रिश्ता

बेज़ुबां हो के भी समझता है - मन की सब भाषा

यही होती कागज़ की बहुमूल्य परिभाषा

कवि मन अंतर्द्वंद्व से घिरा होता है। इसे भी कवि के लिए एक विशेषता ही कहेंगे क्योंकि इससे अछूता व्यक्ति के लिए सच्चा कवि बनना कठिन है। मौन रहकर सबकुछ कह जानेवाला ही कवि होता है। मौन की परिभाषा देते हुए कवयित्री कहना चाहती हैं कि हर बार कुछ कहना जरूरी नहीं होता। चुप रहकर भी जंग जीती जा सकती है। खुद को समझने के लिए भी मौन एक बड़ा माध्यम है। -

"न अस्त्र, न शस्त्र चलाऊंगा

मैं तुम्हे मौन रह कर हराऊंगा

मन के भीतर के डर को,

मनन कर उखाड़ भगाऊंगा"

चूंकि यह काव्य संग्रह कवयित्री का प्रथम काव्य संग्रह है अतः यह विविधता से पूर्ण है। कई विषयों का समावेश इसमें है। पिता हिमालय, बेटी नदी और सागर का सुंदर समन्वय 'आशीष' कविता में नजर आती है। पिता की चिंता बिटिया के नैसर्गिक गुण को लेकर और अपनी जिम्मेदारी पूर्ण करने के बाद भी वह बेटी की चंचलता को

खोते हुए देखकर उसका हृदय किस तरह द्रवित होता है इस मार्मिक कविता के माध्यम से ज्योति जी पाठक के अंतर में उतरने में सफल हुई हैं। नव वर्ष के आगमन का उत्सव, जन्मोत्सव एवं अन्य कई प्रकार के उत्सव जहाँ एक ओर जीवन में खुशियाँ और उल्लास लेकर आते हैं वहीं तिलतिल बढ़ता वक्त कवयित्री को एहसास दिलाता है कि आयु रेखा छोटी होती जा रही है। -

"घटती रात के साथ मुझे भी घटता हर कोई छोड़ कर जाता
खाली पड़ा आंगन, बिखरे प्याले और अधबचा केक
शुरू कर देते है मुझे फिर से चिढ़ाना"

स्वर्ग का सुख और नर्क की पीड़ा एक भ्रम है। स्वर्ग और नरक इसी जीवन में है। नैतिक कर्तव्य सर्वोपरि है। यह मनुष्य के ऊपर निर्भर करता है कि वह सुकर्म कर स्वर्ग का सुख भोगे या दुष्कर्म कर नर्क की अग्नि में तपे। इस कविता संग्रह में कवयित्री स्वयं से कई सवाल करती हुई नजर आती हैं और पाठक को भी उकसाती हैं कि वे अपने अंदर झाँके और पता करे कि वे स्वयं कहाँ खड़े हैं। कवि सृजन अपने लिए यानि स्वांतः सुखाय हेतु करता है। सृजन के वक्त वह नहीं सोचता कि इससे कोई लाभान्वित हो रहा है या नहीं। परंतु यदि स्वांतः सुखाए वाली रचना लोगों के अंतर में उतरकर उसे अपने आप से जोड़ने पर विवश करती है तो यह रचनाकार और रचना की सबसे बड़ी उपलब्धि मानी जाती है। ज्योति मित्रा की 'अनुदा' काव्य संग्रह जीवन के यथार्थ

का सही मूल्यांकन है। कवयित्री के अंतर से निकले भाव पाठक को स्वयं से जोड़ता है। इसे पढ़ते वक्त पाठक को इसमें अपनी तस्वीर भी नजर आएगी। ज्योति मित्रा का यह प्रथम प्रयास निश्चय ही लोगों के हृदय तक पहुंचेगा और उन्हें आत्मिक यथार्थ की अनुभूति दिलाएगी; इसी मंगलकामना के साथ।

डॉ आशा मिश्रा 'मुक्ता'

संपादक - पुष्पक साहित्यिकी

ज्योति की कलम से...

कागज़ और कलम को ईश्वर मानकर जीवन के आशा और निराशा के द्वंद से गुज़रते हुए जिंदगी में आशावान बने रहने के लिए ये मेरा प्रथम प्रयास प्रकाशित पुस्तक "अनुदा" काव्य-संकलन में बहुत से लम्हे, दुख - दर्द, खुशियां, अनुभव आदि जो कुछ भी ज़ेहन में था अपने पाठकों के लिए उतार कर रख दिया है, समाज, व्यक्ति, प्रेम, प्रकृति के बीच बुनी हुई कविताओं का संग्रह है। अपने सभी पाठकों का ध्यान रखते हुए मैने सभी कवितायें भावना - प्रधान एवं सरल भाषा में लिखी है।

गृहणी शब्द साधारण नहीं होता ये मैने महसूस कर के देखा, बहुत सारे वेग मन के इर्द -गिर्द घूमते रहते है, कभी -कभी मन बहुत विचलित और उद्वेलित हो जाता है तब मन के सारे वेगो को कागज़ और कलम की आवश्यकता हुई, खाली समय निकाल कर स्वयं को स्वयं से लिखती रही और इस तरह कोई न कोई रचना जन्म लेती रही, इसी

क्रम में कुछ कवितायें संगृहीत और संकलित हो सकीं, इन्हीं जज़्बातों को काव्य संग्रह के रूप में कविता पठन के प्रेमियों के साथ साँझा कर रही हूं।

इस किताब में व्यक्ति, समाज, प्रकृति, प्रेम, वैचारिक द्वन्द, भावनायें आदि के मध्य में बुनी गई कविताओं का संकलन है।

मेरी पुस्तक "अनुदा" काव्य संकलन का मकसद सहमत करना नहीं अपितु बस इतना है कि पढ़े और गौर करें।

आभार

मैने जिंदगी के हर दौर में लेखन के शौक को जीवित रखा परंतु कभी पुस्तक प्रकाशन के लिये सोचा नहीं था पर आयु के इस पड़ाव पर इस विचार तक पहुंचने के लिए मेरे बड़े भाई श्री प्रभाकर वर्मा एवं श्रीमती अनुदा नारायण को विशेष रूप से धन्यवाद दूंगी।

भाई श्री राहुल वर्मा, श्री शिरीष वर्मा, मेरे पति श्री मनीष वर्मा के योगदान एवं प्रोत्साहन के लिए आभारी हूं एवं मेरी प्रिय मित्र व बचपन की सहपाठी श्रीमती रूबी अग्निहोत्री का योगदान मेरे जीवन में बहुत रहा आप स्कूली दिनों से सदैव पहली श्रोता रहीं है।

विशेष - मेरे 6 वर्षीय बेटे "धैर्य" का योगदान भी सराहनीय है, इन्होंने मुझे लिखते समय न कभी तंग किया और न ही अपने साथ खेलने को कहा बल्कि मेरी प्रत्येक कविता को बिना समझे धैर्यपूर्वक सुनता और मुस्कराता रहा, इनकी मासूमियत मेरी लिए समर्थन एवं प्रोत्साहन रही जिसके लिए बहुत धन्यवाद।

इस साहित्यिक सफ़र में समस्त स्वजनों और मित्रों की मैं हृदय से आभारी हूं।

मै अपने पाठकों को भी तहेदिल से धन्यवाद देती हूं जिन्होंने समय निकाल कर मेरी काव्य पुस्तक को पढ़ा।

अंत में अपने प्रकाशक 'नोशन इंटरनेशनल पब्लिशिंग हाउस' का धन्यवाद ज्ञापन करती हूं।

प्रथम कविता संग्रह पर शुभकामनाये

कविता हर मनुष्य के भीतर छुपी हुई अनकही बातों को प्रकट करने का एक सशक्त माध्यम है। इस कविता संग्रह "**अनुदा**" में, शब्दों के माध्यम से जीवन के विविध रंगों, अनुभवों और संवेदनाओं को खूबसूरती से पिरोया गया है।

युवा कवयित्री **ज्योति मित्रा** का यह प्रथम संग्रह कल्पनाओं का खजाना है जो शब्दों के माध्यम से अपने भावों को पंख लगाकर उड़ाना चाहती है। इस संग्रह में प्रत्येक कविता कवियित्री के विचारों और संवेदनाओं का गहरा रूपांतरण है और कवयित्री की भावनाओं,

आशाएँ और सपनों को दर्शाती है। ज्योति जी की लेखनी में ठहराव नहीं, बल्कि एक निरंतर बढ़ते हुए संवाद का स्वर है, जो हर पल नया रूप लेता है। यह कविता संग्रह न केवल कविता प्रेमियों के लिए बल्कि हर उस व्यक्ति के लिए एक अमूल्य धरोहर साबित होगा जो जीवन के रहस्यों और गहरे अर्थों को समझने का प्रयास करता है।

प्रिय ज्योति, इतनी कम उम्र में आपकी कविता का पहला संग्रह का प्रकाशन होना एक बड़ी उपलब्धि है। यह आपकी मेहनत, समर्पण और सृजनात्मकता का जीवंत प्रमाण है। आपकी कविताएँ सिर्फ शब्द नहीं, बल्कि दिलों को छूने वाली भावनाएँ हैं। आप जैसी युवा कवयित्री साहित्य जगत में एक नई रोशनी हैं, और आपका यह प्रयास सब नए कवियों के लिए प्रेरणा का स्रोत बनेगा। आपके शब्दों में जो गहरी संवेदनाएँ और विचार हैं, वे न केवल कविता को जीवंत बनाते हैं, बल्कि पाठकों के दिलों में भी गहरी छाप छोड़ेंगे। यह संग्रह केवल आपकी एक व्यक्तिगत यात्रा नहीं है, बल्कि यह हर उस कविता प्रेमी को दिशा दिखाएगी हैं जो अपनी संवेदनाओं और सोच को शब्दों में ढालना चाहता है।

आपका दिल से धन्यवाद कि आपने मेरी सेवानिवृत्ति पर अपनी एक दिल को छू लेने वाली रचना भेंट की थी जो हमारे लिए अब तक का सबसे अनमोल उपहार है। आज आपने जो अपना पहला काव्य संकलन मेरी पत्नी अनुदा के नाम से प्रकाशित करने का निर्णय लिया

है, यह हमारे लिए एक अत्यंत गर्व और सम्मान की बात है। इस सुंदर समर्पण के लिए हम आपको कृतज्ञता के साथ ढेरों शुभकामनाएँ भेजते हैं।

ज्योति जी, इस पहले कदम से हिंदी साहित्य में आपके योगदान की एक नयी शुरुआत हुई है। मुझे विश्वास है कि आप साहित्य की दुनिया में और भी ऊँचाइयाँ छुएंगी और भविष्य में आपकी कलम से और भी शानदार काव्य रचनाओं का सृजन हो, यही हमारी शुभकामनाएँ हैं।

अमित नारायण
कार्यकारी निर्देशक (से. नि.)
ओ. एन. जी. सी.

अनुदा

मन के भाव अपार काव्य नदी से होते पार
टंकित अंकित हो मिलते रसिक मन के द्वार

अनुदा काव्य संग्रह सुश्री ज्योति मित्रा जी के मनोलोक का दर्पण है। उनके कोमल मन में उपजने वाले सामाजिक सरोकार नस्वर जीवन की यथार्थ पुरुष प्रधान समाज में नारी की निरिहिता आदि का विम्ब अनुदा में झलकता नज़र आता है।

वस्तुता अनुदा अनुदान का लवलेश है जो ईश्वर से प्राप्त अनुग्रह का द्योतक है। सुश्री ज्योति जी की रचनायें यथार्थ जीवन के विविद्ध पहलुओ को रेखांकित करती हुई मन को आंदोलित करती है। मन का ये आंदोलन सामाजिक ताने - बाने को नए सिरे से बुनने का प्रयास करता नज़र आता है।

'अनुदा' के प्रकाशन पर सुश्री ज्योति मित्रा जी को हमारी हार्दिक मंगलमय शुभकामनाएं। उनका यह काव्य संग्रह समस्त जनमानस को नई दिशा देने में सफल हो यही कामना है।

समस्त मांगलिक शुभकामनाओं सहित

डॉ राम बरन यादव

इंदौर, मध्य प्रदेश

आशीष

ज्योति मित्रा जी की कवितायें पढ़ने का अवसर मिला, यूँ तो प्रत्येक के मन मस्तिष्क में अंतर्द्वंद चलता रहता है परंतु कविता का रूप देना अत्यंत सराहनीय है, यह और भी हर्ष का विषय है कि आपकी लेखनी प्रकृति, सामाजिक, महिलाओं से जुड़ी समस्याओं आदि सभी चीजों पर केंद्रित है, जोकि सदैव समाज को जागृत करने में सहायक होगी।

ज्योति मित्रा जी की कड़ी मेहनत एवं उत्तम प्रयास से अर्जित सफलता के लिए हार्दिक शुभकामनाएं देता हूं और आप सफलता की ऊँची बुलंदियों को छुएं ऐसा आशीष देता हूं।

राम प्रकाश वर्मा

संयुक्त निदेशक (प्रशि./शिशिक्षु)

व्यावसायिक शिक्षा, कौशल विकास एवं उद्यमशीलता विभाग

उ.प्र.सरकार

भारतीय समाज में नारी की एक अहम भूमिका रही है, वह पूरे परिवार में धूरी का कार्य करती है, परिवारिक जिम्मेदारियां उठाना आसान नहीं होता, मेरी पत्नी श्रीमती ज्योति मित्रा ने अपनी सभी ज़िम्मेदारियों को बखूबी निभाते हुए अपने शौक को बरकरार रखा। आधी - आधी रात तक खुद को खुद से लिखती रही, आपका कवितायें लिखने का जुनून आपको सफलता की उन ऊंचाईयों तक ले के जाए जहा तक पहुंचने का आपने ख़्वाब देखा है। इन्हीं शब्दों से आपको मैं आपके पहले प्रयास "अनुदा" काव्य संकलन के लिए हार्दिक बधाई एवं शुभकामनाएं देता हूं।

मनीष वर्मा
अधीक्षण अभियंता
ओएनजीसी

सूची

अभिनंदन

"जीवन की हर सीख का कर ले अभिवादन

दुःख से मिले अनुभव,

सुख से मिला आनंद का भी कर ले वंदन

रे भटकते पथिक!...

पा जायेगा तू रास्ता...,

सोना भी अग्नि में तप के होए कुंदन

बस मुश्किलों में थामे रखना प्रबल मन...!

मेरी कविताओं के माध्यम से...

करती हूँ अपने पाठकों का तहेदिल से 'अभिनंदन'

माँ

इंद्रधनुष के सात रंगों भरी आभासी है

माँ तुम याद आती हो, जब मन में छाती उदासी है,

माँ का प्यार न होता कभी बासी है

माँ है एक प्रेरणा और जीवन की ज्योति

माँ है जीत और जीत की शाबाशी है

हर 'माँ' होती जादू की एक शीशी है,

माँ तो माँ ही होती है

शब्द

शब्दों की क्या बात करें,

आओ, शब्दों से ही शब्द की बात कहे,

शब्द भी न बड़े कमाल चीज है होते...

पल में घाव..., घाव पे मलहम है करे

शब्द जब अहंकार से हो भरे,

तब शब्दों से तन-मन पर वार करे,

शब्द जब स्वार्थ से हो भरे,

तब शब्दों से मीठा रसपान करें

शब्द जब अपनेपन के हो...

तो शब्दहीन हो अपनत्व का एहसास भरे

शब्द दोअर्थी बोली का भी मेल करे,

भ्रम, गलतफहमी की ओर मुंह करे,

या कभी इस खेल में अठेल करें,

जाने किसने बनाए ये शब्दों के खेल,

कभी ये दर्द तो कभी दुआ करे,

शब्द भाषा को भी पूर्ण करे,

पूंजी जैसे जो शब्दों को इस्तेमाल करे,

शब्द उन पे ही एहसान करे,

अंततः वो ही शब्दों के परमज्ञान को प्राप्त करे

आवारा

"काश, के पंछी या होती आवारा बादल,

दूर आकाश में उड़ती जाती,

होती बिल्कुल "उच्छृंखल"

निरंकुश, मनमर्जी की मल्लिका

न देखती आज, न देखती कल

काश, के पंछी या होती आवारा बादल,

गगन छूने की चाह में

पंखों पे लगाती ज़ोर का बल

तेज़ हवा को चीरती,

बंधनों को तोड़ती,

जी लेती ज़िंदगी के सुनहले पल

काश, के पंछी या होती आवारा बादल,

गिरती बूंदों का तन पे एहसास लिए,

भर लेती अंजुरो में अपने,

धरती से मिलन का प्यासा जल

काश, के पंछी या होती आवारा बादल

दूर आकाश में उड़ती जाती,
तो होती बिल्कुल "उच्छृंखल"

दूर आकाश में उड़ती जाती,
तो होती बिल्कुल "उच्छृंखल"

अहम्

"रे मनुष्य!

मत कर खुद पे इतना दर्प

जुबां तेरी बन न जाये ज़हरीला सर्प

जुबां से रिश्ते तेरे टूट जायेंगे,

अपनों के साथ तेरे छूट जायेंगे

एकल हो जायेगा तू एक दिन,

तब कैसे सह पाएगा तू इसका दर्द

समय के साथ,

अपनों से कर बात,

मत रख रिश्तों में अर्द्ध

थाम के रख रिश्तों की डोरी,

करता रह अपनों से अर्ज

रे मनुष्य! मत कर खुद पे इतना दर्प

सौंदर्यता

गर, देखना हो वास्तविक लावण्यता तो,

प्रकृति को नज़दीक से झांक के देखो

विशाल नभ में फैला - गगन को चूमता,

दृढ़ - निश्चय बनना पर्वत से सीखो

कल- कल बहती नदियां, जो कहती - फिरती,

धारा - प्रवाह चलता रहे जीवन है मेरा देखो

पेड़ो से सजी, मंद मंद हवा है गाती,

पृथ्वी का सलोना रूप तुम भी तो सेजो

"प्रकृति" लावण्य का जाना रूप है मित्रो,

फलों से लदी डाली से झुकन, और तो और,

सूरज से अंधियारा मिटाना भी सीखो

गर, देखना है वास्तविक लावण्यता तो,

प्रकृति को नज़दीक से झांक के देखो

गृहणी

यूं तो,

एक गृहणी के जीवन में,

कोई विश्रांत नही होता

वो अर्द्धांगिनी, मां, बहु, भाभी,

हर रिश्ते के ताले की होती है चाभी,

गर, तन सो भी जाए पर,

मन उसका शांत नही होता

जी आई, जी आई कहती- फिरती

भोर आए, रात गए...

एक टांग पे खड़ी मिलती,

उसे कही "श्रम" का "विलोम" न मिलता

शिक्षिका, उपचारिका, कभी प्रभारी

सभी पेशों की होती है वो भोक्ता

जिम्मेदारियों के भंवर में हर रोज़ लगाए वो गोता

और उसकी आवाज हेतु न मिलता कोई श्रोता

तुम तो सर्वशक्तिमान के गुणों बुनी हो,

हे गृहणी! क्लांत भी न देता तुमको न्यौता

ताउम्र तुम्हारे जीवन में आराम न होता,,

फिर भी

इतिहास में कहीं तुम्हारा नाम न होता

अलगाव की पीड़ा

कट रहें वृक्ष ने अपनी मिट्टी की ओर देखा

मिट्टी बोली - हे पुत्र! किया तुमने मुझसे धोखा

कि,

जिस छाती पे तुमको बोया

तुमने आज मुझको ही छोड़ा

अब तुम ही बताओ "तुम बिन"

क्या जीवन होगा मेरा

इस पर वृक्ष मिट्टी से बोला -

हे मां!

ये प्रयाण का समय है आया

तुमसे छूटने पर मुझसे भी न जायेगा जिया

पर तुम तो जननी हों,

सब दुःख की हरनी हों,

फिर से आऊंगा मैं, तुम्हारी ही कोख से...

मैं कहीं नहीं हूं तुमसे खोया

माँ! मैं कहीं नहीं हूं तुमसे खोया

आधुनिक विनती

नन्हा कन्हैया - मईया से करे है ये मनुहार

हे! मां मेरी, दिला दे मुझको भी एक फोन का तार

सखा मेरे संग अब खेलत नाही,

सबके तन- मन में चढ़ा है मोबाइल का खुमार

मईया बोली- सुन रे! मैं न जाणु मोबाइल के कानूने,

तू हठ मत कर ऐ मोबाइल के दीवाने,

क्यों बनें है तू खुद को बहुत सयाने,

चल जा न सुनूंगी तेरी ये पुकार

कन्हैया पैर पटकते, नखरे करते बोला -

देख ये संसार मईया!

इंस्टा, फेसबुक में सपने बहुत सुनहले,

तेरा नटखट भी तुझसे कुछ बोले,

बिन मोबाइल ये न होने पूरे,

मईया सुन न, तू मेरी ये गुहार

मईया - देख मेरे लाल, माना तेज़ तेरी बातों की धार

जो चढ़ा है तुझे सोशल मीडिया का ये बुखार

मेरे कान्हा...

इसमें न है, मेरे सलोने के बचपन का चित्रण शुमार

अब आजा गले से लगा लूं तुझे,

ऐसे न तू दूर से दांत चियार

कवि की कलम से

"अगम्य है सोच एक कवि की,

वहां भी पहुंच जाएं,

जहां न पहुंचे किरण रवि की

कभी खत्म न हो सके,

ऐसी है कवि वो स्याही,

बेजान में भी जान डाल दे,

इतनी शक्ति है कलम में उसकी

मूक - बाधिर सा, बंद, एकांत

कागज़ संग जो दिन गुज़ारे,

बिन देखे, बिन सुने,

उतार दे ये सबकी छवि

यथार्थ है -

कि, जहां न पहुंचे रवि

पहुंचे वहां एक कवि

निरंतर

अविराम में न है कोई अल्प -विराम

ये है स्वयं में चलते रहने का नाम

आज, कल, कभी न रुकने का एक निश्चय

इसके पैरों में न हैं कोई लगाम

अनवरत के हैं कई अर्थ -

लक्ष्य, धारा, सूर्य, चन्द्र आदि...

हैं अनवरत जो, न हो कभी नाकाम

अनवरत चलते रहकर...

पा गए जो अपना मकाम।

शीश झुकाकर ये आवाम...

करती है उनको प्रणाम

अविराम में न है कोई अल्प-विराम

ये है स्वयं में चलते रहने का नाम

मतवाला

"सुना है, उस उन्मत की हो गई रवानी

जिसकी गलियों में शायरों की नुमाईश...

और दिल्लगी सुनकर बिताई थी पागल ज़वानी

वो दौर भी कुछ और ही हुआ करता था...

जब लेकर बैठते थे बेवफाई के जाम,

और सुनते थे अजब दीवानों की गज़ब कहानी

चांदनी रात और संग होती थीं महफ़िलें,

कुछ मतवाले और रोज़ बिकते थे दिलजले,

हम भी यूं ही टहल आते सुनने उन्मत की जुबानी

प्याले के हर घूंट में दर्द बयां उसका,

पड़ा उस पर इसका ज़हर भारी,

और, तन्हा कर ली ज़िंदगी अपनी उसने,

जिसको जीया करता था मस्तानी

बुरा वो न था, बस उसका वक्त ही खराब था,

देखो, आज वो गली ही उसके नाम हो गयी,

जहां बसा करती थी उसकी जान की मसानी

बचपन के पन्ने

स्मृति जो भीगे पन्नों में जा सिमटी

जिस बचपन को हमने जीया,

वो बचपन नहीं था नकली

भरी दोपहर में गुड्डे - गुड़ियों का खेल,

वो गिल्ली और डंडे का मेल,

तबकी जिंदगानी तकनीकी से थी छूटी

हम तो उस ज़माने के नवाब है,

जब कागज़ की कश्ती संग बारिश का पानी

व नानी- दादी की बातों में थी कहानी लिपटी

आम के बगीचों से कच्ची अमिया चुरा कर...

और सरसों के खेतों में उड़ती बनकर मैं तितली

और हां,

वो बारिश की संकरी मिट्टी की गलियां तो याद रहेंगी ही...

जहाँ न जाने कितनी बार थी "मैं" फिसली

लालटेन से पूरा जहान दिखता था,

तारों भरा आसमान भी बात करता था,

धामा - चौकड़ी में शामिल होती पूरी मण्डली

दशहरा हो या शिव का मेला,

घूम आते पकड़ कर पिता की उंगली

अब न वो दोस्त, न कोई साथी,

बस खुद से ही पढ़ लेते वो यादें बारम्बार

जो है दिल के पन्नो में छपी

काश वक़्त की सुई घूम सकती

जिस बचपन को हमने जीया,

वो बचपन नहीं था नकली

आत्म-मिलन

कतिपय-कतिपय सपने, तुम्हारे संग रोज हूं मैं बुनती

जिन्हे अपनी नम्र उंगलियों से रोज़ हूं मैं सहलाती

हमारे सपने - कि खुशियों का एक महल हो,

प्यार से हर एक दिन की पहल हो,

चौखट पे यही आश लगाए...

पलकों को रोज़ हूं मैं खोलती-मूंदती

तुम्हें इस बात का आभास नही...

"ठीक हूँ" बोलकर तुम्हारी यादों के बुलबुलों में रोज़ हूं मैं
उठती- फूटती

"जल्दी आऊंगा" की गूंज कानों को भेद जाती,

रह रह कर सुनती और रहती हूं मैं तड़पती,

हाथों की मेंहदी में अपना नाम ढूंढने का वादा करके गए,

लंबा अरसा बीत चला, तुम बिन तुम्हारे धाव आ गए,

बिखरे दिन और लंबी रातों में, रहती हूं खुद को मैं समेटती

हमारे सपनों का ज़िक्र.... तुम्हारे ताबूत से अक्सर रहती हूं मैं करती

तुम्हारी शहादत को पूरी दुनिया है मानती,

पर तुम मेरी आत्मा में जीवित हो प्रियवर,
ये दुनिया क्यों मुझे शहीद की विधवा है कहती?

भंडार

नारी हे! नारी तू है गुणों का भंडार

नारी- रूप के है कई अद्भुत प्रकार

तनया, भार्या, स्वसा, मां और भी नामित संचार

संवेदना, पूर्वाभास, दया, सहेजता जैसे खजानों...

की ये न लेती पगार

ईश्वर की सबसे अद्वितीय कला,

जब लेती है नारी स्वयं को संवार

सृष्टि की रचना का तू ही है अनुपम आधार

नारी - बोध पर मत करना प्रहार

लेकर आंखो में सुलगते अंगार,

छिंन में अंत कर दे काल्पनिक संसार

शक्ति देवी है ये अपार

पुनीत

विद्या से बढ़कर अन्य कोई कार्य नहीं "पुनीत"

ये जानवर को इंसान बना दे...

इंसा बनने में...क्यों होते हो तुम भयभीत

विद्या के हाथों पले, बढ़े बने महारथी,

समाज में बना दिया उनको मनोनीत

विद्या की दृष्टि ऐसी जिसमे कोई भेदभाव नही,

ये जन्म देती - बल, बुद्धि और विनीत

विद्या से बढ़कर कोई ऊंचा दान नहीं दूजा,

प्रकाश इसका अंतर्मन के बंद फाटक तक है पहुंचा,

जिसने त्यागा सब त्यागा,

जिसने पाया,पा गया मनजीत

क्यों करते हो व्यर्थ का समय यूं ही व्यतीत

विद्या जीवन की कला और इस कला में जो ढला,

उसने मन मस्तिष्क पर पा ली है जीत

पाषाण

आधुनिक मानव जब गया तलाशने...

मिले मिट्टी में दबे कुछ प्रमाण,

जो उस काल का जीवन विवरण दे रहे...

जिसे बोला गया युग - पाषाण

दबी मिट्टी में दबे मिले वो प्राण,

जिसने मानव को सिखाया नव-निर्माण

पत्थर युग में जबकि मानव पत्थर नही,

न किताबी ज्ञान, न विज्ञान कहीं,

अपितु, कर गया मानव का कल्याण

निस्वार्थ होकर भूख की अग्नि,

हाथ का लोहा कर गया प्रदान

मिट्टी में मिले उनके होने के सबूत से...

ज्यादा मिलते है उनके संस्कार - प्रयाण

आधुनिक मानव!

उनके वक्त के पहिए में सीख ले उनसे निर्वाण

वरन, तनिक क्षण न लगेगा, होने में निष्प्राण

एक उम्मीद

पारितंत्र, परिवेश, पर्यावरण सब अर्थ समान,

यह है जीवन की पहली अनुरक्ति।

देती है हर समस्या से उन्मुक्ति।।

बाहों में भींच के देखा है क्या कभी?

कानों में कलरव सुना है क्या कभी?

हवा, पानी भी विश्वास है जगाते,

नही है इसमें कोई अतिशयोक्ति।।

परिवेश से ही पली है हृदय में भक्ति,

विश्वास की रोशनी से तो देखो,

जगा दे ये मुर्दों में भी इच्छाशक्ति।।

प्रकृति से हमने बस लिया है,

बदलें में कभी न कुछ दिया है,

ऐसी ही है हमारी कुटिल अभिवृत्ति

प्रकृति कराह-कराह के करती हैं ये अभिव्यक्ति
कि, दमन होने से बचा लो मुझे...
पाप-मुक्ति का रास्ता दूंगी तुझे...
क्या तुम्हे नही चाहिए मुझसे आत्मशक्ति???

कैद पंख

उड़ते हुए पंखों को देख
कैद पंखों ने उठे दर्द से पूछा...
क्या होता है उन्मुक्त होना?

पंख जो पिंजड़े में है कैद,
सोच रहे...
क्या हैं फायदा पंखयुक्त होना
खिला आसमां निहारते ये पंख,
चाहते है हर बंधनमुक्त होना

पर बेजुबां पंख शायद जानते है,
क्या होता है दर्द का उठना,
बेजुबां पंख अब मान चुके है
कैदी को तो पड़ता है बहुत सहना

वाणी

मृदु वाणी ही शालीनता की निशानी
ये कोमल हृदय का होता तोरण...
शीतलता का बीज मन में कर दे रोपण...
जो हर संबंध निभाने में कर दे आसानी
होती बस मधुर वाणी

दिल का दर्पण साफ करो यारो,
ये ज़िंदगी का मूल्य ही क्या?
ये तो है आनी और जानी

कानों के रास्ते से दिल तक जाती,
जो अपनों को और नजदीक लाती,
जिसका सार है मृदु वाणी,
यथार्थ में वही है परम ज्ञानी

नाप -तोल शब्द और संग प्रिय वाणी... मानो,

सहजता, सरलता की नदी में घुला मिश्री का पानी

जितनी होगी मधुर वाणी,

दुनिया उतनी होगी अपनी दीवानी

यदि विचार मानव का परिधान,

तो वाणी है भोजन - इंसानी

जिसने इस परिधान को धारण किया,

चरित्र उसका महकें जैसे फूलों की इक बगिया,

खिल उठेंगे कमल वहां भी,

जिसकी मिट्टी हीं क्यों न हो रेगिस्तानी

एक प्रश्न

नन्ही गुड़िया के पलकों पे धरा एक अक्षत स्वप्न
रत्न की भांति चमकता हुआ,
दिखे उसके नैनों में स्वच्छंद

अक्षत स्वप्न के खातिर, करती नजाने कितने यत्न...
पिता की खुशामदीद और मां को करती रहती प्रसन्न

कंधो पे उसके बस्ता हो,
कदम उसके और स्कूल का रास्ता हो,
इसी आनंद में रहती वो मग्न

नन्ही चिड़िया की भांति,
चुग कर सपनों को है बुनती,
एक दिन जहाँ होगा मेरा,
अभ्यास में है उसके लग्न

"शिक्षा पर जब सबका समान अधिकार,"
क्यों नहीं स्वीकारता ये मेरे जैसा और परिवार??
समझ से परे, ये मनगढ़त रीतियां...
पलकों पे सजा हुआ यह अक्षत स्वप्न...
जुबां पे उसके लिपटा यही एक प्रश्न
"शिक्षा पर जब सबका समान अधिकार,"
क्यों नहीं स्वीकारता ये मेरे जैसा और परिवार??

वेश्या

बिके जो पेट भरने के लिए बाजारों में,
भूख मिटाते वो, जो गिने जाते शरीफों में,
हर घड़ी अभद्रता की शिकार पशचंती,
मरकर भी नही मिलती इन्हें "अगति"

न जाने कितनी दफां शिकारियों को जाती परोसी,
अबला की परिभाषा, आंखो पे लिए निराशा...
न सुबह इनकी, न इनकी रात है अपनी होती

पापी पेट के सवालों का जवाब है क्या?
जो खुद को नोंच खिलाने का अदम्य साहस है रखती

इज़्ज़त की रोटी का मूल्य तुम बताओगे?
जिसमे तुम्हारी इज़्ज़त में उनकी चुप्पी है दम तोड़ती

समाज के लिए ये खेल या पैसे से है मेल,

किन्तु,वेश्या रूह के प्रेम में है तड़पती

वो समाज की कोई चीज नहीं घिनौनी,

बल्कि, घिनौने समाज की खिड़की

उन्ही की गलियों में है खुलती

खोटे नसीब की रंगीन तक़दीर में...

बेहतरीन आशिक मिले...

जबकि चाहत उनकी रंगीन दुनिया में घूमती

हर औरत कर्ज़दार रहेगी तुम्हारी,

तुम वो देवी रूप हो,

जो हम औरतों को भक्षकों से हो बचाती

जर्जर देह, खुली आंखे, सांसों में "अगति"

संसार का आनंद नही... वेश्या

जिंदा होकर भी मृत आत्मा से मुक्ति है मांगती

आँचल

मां के आँचल के पसीने में ममता, वात्सल्य की धार है

पिता के कंधे पे पड़े अंगौछे में सुरक्षा, त्याग का भार है

मां के हाथों का निवाला ही उसका आशीष और प्यार है

पिता की सीख और उसका कन्धा ही उसका दुलार है

मां संस्कार और पिता स्वयं में एक विचार है

खुशनसीब है उनकी लकीरें...

जिनके पास होता ऐसा एक संसार है

मां - पिता के अंचरो में खुशियां अपार है

मां जन्मदात्री और पिता पालनहार है

ये दोनो ही जीवन का मूलाधार है

मां - पिता ईश्वर की वो प्रमाणिक छाया...

जिनके धैर्य, बलिदान, साहस का न कोई आकार है

स्वर्ग की सीढ़ियां मंदिरों से नही गुजरती...

मां -पिता का हृदय स्वर्ग का पहला और आखिरी द्वार है

नशा

अहंकार के प्रकोप में जबसे तुम गए हो पकड़े
दंभ की अग्नि में जल गए सुख, चैन...
फिर भी तुम हो फिरते अकड़े

यदि खो गए इतने अहंकार में तुम...
तो जान लेना - विनाश है अपने आगोश में तुमको जकड़े

अहंकार वो शव है -
जो काम, क्रोध, लोभ की चादर में लिपटकर
रिश्तों के प्यारे संसार है तोड़े

प्रमाद की अति भली नही...
जो "हम" के भाव से खींचकर...
"अहम" के ख़्याल से तुमको जोड़े

सिर चढ़के जब-जब यह अहम् है बोले...

तब -तब इस समुंदर में कई सिकंदर है डूबे

दंभ नर्क का है वो मूल्य,

इसे जो कोई भी दे तुल्य,

एक बार धारण करे जो...

इंसान - इंसानियत से मुंह मोड़ें

जो छोड़ना हों अहंकार की प्यास...

प्रेम, ध्यान व विश्वास...

ये सब शब्द है कुछ खास...

जो जीवन को जीवंत से है जोड़े

अंतर्मन

अंतिम सांसे गिन रहा एक दुहेली
कर रहा जीवन के दुखों का आंकलन
उलझे सवालों के अटके जवाबों में,
कर रहा वो हर एक दुःख का मूल्यांकन

'यूं तो दुःख के होते कई प्रकार,
हुआ मैं किस दुःख का शिकार?
सोच के जल उठा मेरा व्याकुल मन
बोल न! मेरे अंतर्मन

आकंठ जीवन के हिसाब -किताब में,
क्या खोया? क्या पाया?
जीवन के इस समीकरण में
कितना रहा दुखों का आयतन
बोल न रे! मेरे अंतर्मन

धन का तो था मैं संपूर्णानंद,
फिर क्यों रह गई मुझमें,
विचलित मन की चिलमन?
अरे, बोल न रे! मेरे अंतर्मन

सुन दुहेली का क्षुब्ध बांकपन...
आखिर, बोल उठा उसका अंतर्मन...
सुन दुहेली...'
बेशक, हरा भरा था धन का आनंद, किन्तु
काया को तेरी रास न आया नियमन
मन की आँखे न देखीं अंतरदर्पण
हर आत्मा दुहेली होगी उसकी ही,
जिसके चरित्र में सदैव रहा हो भटकन
यदि समय रहते कर ले जो
सदगुणों का संकलन
तो अंतिम अवकाश में...
काहे को हो ये व्याकुल मन
तो काहे को हो ये व्याकुल मन

खट्टा मीठा

बीती यादों के झलके तारों को कर के बटोर,

गुजारें दिन - बिताई रतियाँ...

कुछ खट्टी - मीठी यादों संग हुआ मेरे हृदय में विभोर,

जब सरकती हुई नज़रें गई ठहर,

कुछ अपना सा लगा वह पहर,

भूली -बिसरी यादों में लगी उसे ढूंढने,

जीने मरने के वादे का साथ खोजने,

साथ बढ़े थे जो कदम हमारे नव- प्रेम की ओर

सूखे यादों के पन्ने लगे भींगने,

देह में दौड़ता रक्त लगा भींचने,

हृदय के सुर, लय, ताल की थाप पड़ी कमज़ोर

पहर ने कसी वो यादों की लगाम

और कर दिया मेरे दिल को कठोर

तकलीफ़ उस रोज़ हुआ करती थीं,

जब मेरी सांसें उसका नाम लेती थीं,

वो धोखा और मैं मौका देती थीं,

किन्तु जब खुला समझ का अंजोर,

जख्मी छोड़ किया मुझे झकझोर

तब वो नहीं था मेरे चारों ओर

अब उसके जाने का अफसोस नहीं,

दिल टूटा पर सांसे थमीं नही,

हालातों ने लड़ने का हुनर दिया,

भुला दिया पल में यूं अपने दिल को पछोर

गुत्थी

आधी नारी, आधे नर स्वयं में है एक अद्भुत संसार

जज्बातों में लिपटे दो प्राण,

है अर्द्धनारीश्वर शिव के बनाए ये अनूठे चमत्कार

ये अनसुलझी कोई गुत्थी नही...

खुशियां खिलखिलाती है उन घरों में,

जहां ये पहुंचते है बारम्बार

चंद पैसे में भेंट करे तुम्हे लाखों सुखसार

इनकी तालियां ही दुआएँ फैलाकर...

तुम्हारे आंगन का मिटाये अंधकार

इनकी न कोई जाति, न है धर्म,

न ऊंच, न नीच के विकर्म,

अपनों ने किया असमान व्यवहार

व दिखावटी समाज ने किया बहिष्कार

लड़ते रहे खुद के वजूद के लिए,

मिली संवैधानिक सौगात इन्हे,

मर कर फिर से जी उठे जब मिला,

नागरिकता का बुनियादी अधिकार

उम्र का कैलेण्डर

नव -वर्ष आ कर जब मेरा द्वार है खटखटाता
नई उम्मीद संग दीवार पे टंगा कैलेण्डर बदल जाता

बदलते वर्ष में मेरा जन्मदिन भी है आता
अक्सर मुझे इस दिन का ख़्याल है डराता...
इस अकेले दिन में क्या है ऐसा होता?

हंसते हुए आते लोग, लेकर फूलों का गुलदस्ता,
हाथों में ज़ाम और भीड़-भाड़ में जश्न है मनता
हंसती हुई शाम का चिराग आंगन में ही जलता,

इस अकेले दिन में बड़े ही उत्साह से केक है कटता
केक काटने की बन गई है जो प्रथा,
उम्र बढ़ने या घटने की, किसे क्या पता?

घटती रात के साथ मुझे भी घटता हर कोई छोड़ कर जाता
खाली पड़ा आंगन, बिखरे प्याले और अधबचा केक
शुरू कर देते है मुझे फिर से चिढ़ाना

बढ़ती और घटती उम्र के बीच का वक्त
ये एहसास हर बार है कराता...

कि, इस दिन की एक खुशी से बेहतर है होता,
उस एकांत में पड़े रहना...जो,
हर पल साथ है जागता और सोता

इस दिन से बड़ी है मेरी तन्हाई,
जो खाली दिल का खालीपन देखकर
मोम बनी आंखो को बिन रंग के है पिघलता

इस दिन से कही प्रिय है मेरी मायूसी,
जो मेरे अस्तित्व का वर्ष भर एहसास है कराती,
इस दिन के मोह ने हर रोज़ बीते सालों से भी पिछाड़ा

इस तन्हाई, मायूसी और एकांत से...

जब मैं थोड़ा ही उभर हूं पाता

कि, दीवार पे टंगा कैलेण्डर फिर से है बदल जाता

'Asset house'

खाली दिल, खाली हाथ, यादों से भरा Asset house आज सूना पड़ा है

पैरों के पुराने निशां चौकीदार आज पोंछ रहा है
नीले अंडों वाली चिड़िया ये बोल के उड़ चली, कि...
मेरा परिंदा आज कहां है?

Jawa apple की भौंहे चिंता में गई सिकुड़,
जब पूछा - कुछ तो सुनाओ आज की...
तब आम का पेड़ बोला - वो गए, कभी न आने के लिए,
मैंने खुद उन्हें बात करते सुना है

घर का नौकर हर कोने में कुछ ढूंढ रहा है,
शायद दिल का वो टुकड़ा...
जो मालिक उसके लिए छोड़ गया है

बाहर पीले रंग के वो लकड़ी के टुकड़े उदास बैठे है,
जिनको चाय की प्यालियों ने आज अलविदा कहा है

हरी दूब भी छिपा रही है अपने सीने को,
जिसमे कोई बड़ा दिलवाला छाप छोड़ गया है

आज इस मकान से हाथों के पकवानों की खुशबू नही...
तो हवा के रूख ने भी जाने से मना कर दिया है

Asset house की दीवारें चुपचाप आंसू पोंछ रही है..
कि, कैसे संभालू ये सोच रही है...
जिनको मालिक ने प्यार, दुलार और ममता से सींच दिया है

थोड़ा तो वक्त लगेगा ही इस परंपरा को समझने में,
कि, परिंदा पंख फैलाए...
कही और के लिए उड़ गया है

बिखरे रंग

देखो बहुत खूबसूरत ये दुनिया कितनी नवीन है

शुक्रिया के शब्द होते नही मुझसे बयाँ...

जिसने बनाई ये खूबसूरत दुनिया

बस इन जगी आंखो पे मुझे यकीन है

विभिन्न रंगों से सजी ये धरती,

हर व्यक्ति पर जब नज़र है ठहरती,

सब कुछ समान, फिर क्यों नस्ल है छटी,

रंगों से रंगने वाली ये कौन सी मशीन है?

तारीफ-ए-काबिल है उस कलाकार की कलाकारी,

जिसने बिन भेद के, रंगों को भरकर बेजान में जान है डाली,

नुमाइश कला उसकी बहुत महीन है

देखो तो, हर रंग की है विशेष - विशेषता,

प्रत्येक रंग की होती अपनी एक आस्था,

उगता सूरज - पीला और लाल हो जाए जब है डूबता,

रंग - बिरंगी पत्तियां तो आसमां नीला,

हल्के बादल - सफेद तो भरे बादल हो जाए काला,

किसी रंग की नही यहां तौहीन है

देखो, खूबसूरत दुनिया रंगों से भरी कितनी ज़हीन है

कितना अद्भुत है न, सब कुछ,

कि, ये इतने रंग कहा से है आकर समाते

नदियों का पानी रंगहीन,

फिर भी कितना रंगीन है

चांद भी सफेद सा धरा,

फिर भी कितना हसीन है

कुछ तीरे अंदाज़ के रंग,

रहते महकी - महकी फिज़ा में मग्न,

यूं आपस में कितने तल्लीन है

छत पर नीला - गुलाबी आसमां,
पैरों तले रंगों से सजी ज़मीन है
ख़ल्वत वादियों का रंग भी देखो,
ये सब कितने शालीन है

सोचिए, यदि रंगों से भरा जीवन, या
जीवन में भरे रंग न होते,
फिर किस ताबीर से हमें मोहब्बत है,
ये हम किसे कहते?
इन रंगों को भरने वाला कितना अमीन है
सब उस बेहतरीन कलाकार के अधीन है
इन जगी आंखो पे मुझे यकीन है...
बहुत ख़ूबसूरत है देखो,
ये दुनिया कितनी नवीन है

जकड़न

मैं कर्ज़ हूँ, बहुत परेशान हूँ

मेरी कोई आराम की शय्या नही,

मैं ऐसी एक थकान हूँ

मैं कई तरीकों से सर पर लदता हूँ,

मेरी बस इतनी है पहचान...

मैं जिंदा लाश का फांसी का फंदा हूँ

मैं आदत नही, मजबूरी हूँ,

जो संबंधों में बनाता दूरी हूँ,

मुझे उठाने हेतु खुद को गिरवी रखते...

हर वक्त गले पे लटकी ऐसी छूरी हूँ

मैं सुलगती वो आग हूँ,

जिसमे जला कर खाक करूं

फिर भी मौत नही आती...

मैं ऐसा एक प्रयोग हूँ

आहिस्ता कर दूं, जीवन की हर रफ्तार,

मैं ऐसा एक तूफान हूँ

मैं मरकर भी मरता नही,

पीढ़ी दर पीढ़ी अमर रहूँ...

मैं एक ऐसा पालतू हैवान हूँ

मैं वो घुटन हूँ, जो कसे गले में फंसा हूँ,

बेबस, बेसहारा सा निराशा लिए पड़ा हूँ,

मुझे कही भी सुकून नहीं...

मैं हर पल चिंताओं से घिरा हूँ

एक पल न भुलाया जा सका हूँ,
ज़िंदगी और मौत हथेली पर लिए खड़ा हूँ,
जो जीता वो जी गया...
जो हारा उसकी जान लेने में अड़ा हूँ

मुझमें दया नही, ले डुंबू तेरा सब संसार,
मैं जीवन में, तो दुख ही दुख है अपार,
खाई से भी गहरी, गहराई मेरी...
मैं ऐसा एक चक्रवात हूँ

जहा चाहत हो मरने की,
पर मजबूरी बन जाये जीने की,
मैं उस मोड़ देता दावत हूँ
मैं कर्ज़ हूँ...
हां, मैं कर्ज़ हूँ...

ओस

कि, मत समझो हमें ओस की बूंद,
हम सागर से भी है गहरें
जीवन से मिली जो भी ठोकरें,
बढ़ा दी उन्होंने अनुभव की दरें

जीवन के खट्टे - मीठे अनुभवों से जाना,
प्रलय काल में मनःशक्ति को ही अपनाना,
सिर्फ वक्त ही है जो जलते जख्मों को भरें

जो छूट गए वो थे हर पल बदलते चेहरें
जो हासिल हुए, वो ही रिश्तों में ठहरें

माना, कुछ कमी सी है...
ज़िंदगी कुछ पल के लिए थमी सी है...
मन के भंवर से आ रही जो खबरें,
रखने लगे हम भी जरा खोखले रिश्तों पे नज़रें

क्यूं मतलबी यादों में यूं सुबह - शाम करें,

और क्यूं भला,

दिल की धड़कनों को दर-किनार करें,

जहां उम्मीदें राख हो, मुस्कुराहट नकाब हो,

उधर लगा सब्र के पहरे

उन्मुक्त सांस साथ व्यक्तित्व विकास

पंख खोल उड़ चला चल...

इत्मीनान से गहरे सागर से परें

बयां आंखे

सुरमई रंग में रंगा मयूर...
कर रहा सुरमई आंखो से सवाल है
क्या है नीली आंखों का राज़...
जो करती इतने कमाल है

यूं ही नही, अंखियां हुई सुरमई
रूह को जिस्म में उतारने में लगे सालो साल है
वो एक तसब्बुर है, जिसने तन्हा छोड़ा नहीं...
मेरी अंखियां उसी पर निहाल है

जब ख़ूबसूरत अल्फाज़ आखों में उतरने लगे,
और समझ में आने लगे...
दिल के जज़्बातों के क्या हाल है...

सौ की सीधी एक बात है,
जिसकी वाणी मधुर, सौम्यता में विशाल है...

प्रेम से परिपूर्ण जिसका किरदार है,

सम्पूर्ण तन को पढ़कर पता न पाए कोई...

बस आंखे ही है जो निश्छल हृदय की दलाल है

जीवन में सुकून की हामी हो,

दया, करुणा की डोर जिसने थामी हो,

न किसी से जीतने की प्रतिस्पर्धा...

न जो हार से बेहाल है...

यही ज़िंदगी की मीठी मिशाल है

इन सब कुछ का समामेलन ही

दिखता आंखो में कमाल है

चश्म-ए-बद-दूर का रखे जो ख़्याल है

हां, बस यही आंखो का कमाल है

कुशासन

हा...हा... मैं कुशासन बोल रहा हूँ,
मैं नफरत का ताप हर कोने में लगा रहा हूँ

मुझे घृणा है भलाई से,
जोड़ता हूँ सबको पाखण्ड की सिलाई से,
पेट भरू अपना तुम्हारे पसीने की कमाई से,
मैं दिन-रात हिंसा के लाल आसमां सा फैल रहा हूँ
मैं कुशासन बोल रहा हूँ

भाई-चारा की जमीं को हिला दूँ,
झूठ की जड़ों को मन मस्तिष्क में फैला दूँ,
क्रोध और भय को रूह में घोल रहा हूँ
मैं कुशासन बोल रहा हूँ

दंभ के लोटे में तुमको भरकर,

लालच के सरोवर में तुमको डुबोकर,

दया-क्रूरता, प्रेम-ईर्ष्या सब साथ तोल रहा हूँ

मैं कुशासन बोल रहा हूँ

मैं मानव-जाति के उस पिंजड़े को टटोल रहा हूँ,

जिसमें कैद है उसके मन का दर्पण,

मैं उसमे छपी उसकी छवि को खंघोल रहा हूँ

मैं कुशासन बोल रहा हूँ

सीधी है मेरी परिभाषा,

मुझे समझ आती नकारात्मक भाषा,

यदि चाहो,

मेरे विनाश की एक तरकीब सुझाऊँ,

अपने मुख से कैसे हो मेरा नाश? तुम्हे बताऊं,

मैं अपना राज़ खोल रहा हूँ...

मैं कुशासन बोल रहा हूँ

देख चींटी का दल अपनी राह में है प्रबल,

यदि मनुष्य में भरा हो आत्मबल,

मैं सत्य की आवाज़ से डोल रहा हूँ

हां, मैं कुशासन ही बोल रहा हूँ...

मैं सत्य, अहिंसा, विश्वास की लाठी से डर रहा हूँ

मैं कुशासन ही अपना विनाश देख रहा हूँ

साहस, धैर्य, मन की स्थिरता देख कलोल रहा हूँ

मैं कुशासन हूँ जो इन सबसे भाग रहा हूँ

स्वर्ग की सीढ़ी

"मैं पूछता हूँ इस खुले आसमां से,

मैं पूछता हूँ इन उड़ते बादलों से,

मैं पूछता हूँ इन बहती हवाओं से,

और पूछता हूँ उगते-डूबते सूरज चांद से,

क्या कही देखी है स्वर्ग की सीढ़िया?

अक्सर नानी- दादी की कहानियों में स्वर्ग का जिक्र था,

स्वर्ग - नर्क में बड़ा ही फर्क था,

खोज रहा हूँ वही स्वर्ग की सीढ़िया...

जिसको सुनते - सुनाते बिताई कई पीढ़ियां

मेरी खोज तब तक थमी नहीं,

जन्म - मरण की पहेली सुलझी यहीं,

स्वर्ग - पाताल की नहीं है कोई डगरियां...

मन का निर्मल होना ही है स्वर्ग की अटरियां...

कर्म को आवास माना जबसे;

पा गया हूँ स्वर्ग की सीढ़ियां...

बावला सा खोज रहा था स्वर्ग की सीढ़ियां

यूं ही स्वर्ग की सीढ़ियां...।

नज़र टीका

मेरे नन्हे लाल के उठते नन्हें कदम,

यूं हृदय पे पड़ते,

मानों धरती को कर दे नरम,

टिमटिमाती गोल सागर अखियां...

जिनमें तैर रही ढेरों खुशियां...

हौले -हौले, मध्यम मध्यम...

पड़ रहे नन्हें- नन्हें कदम

नटखट अदाएं और चंचल बतियां...

दुनिया की नज़र न लगे तुझे...

सजाऊं माथे में तेरे अंजन का टीका हरदम

मौन

न अस्त्र, न शस्त्र चलाऊंगा
मैं तुम्हे मौन रह कर हराऊंगा
मन के भीतर के डर को,
मनन कर उखाड़ भगाऊंगा

मौन रहकर ही जानोगे संसार सारा,
कौन हूँ? कैसा हूँ?
होगा स्वयं से साक्षात्कार तुम्हारा,

मौन की शक्ति होगी इतनी,
कोई अनुमान नहीं, इसकी गहराई कितनी,
इस मिथ्या जगत से दूर ले के जाऊंगा

क्या जाना चाहोगे ऐसे सफ़र में?

जहां कौतूहल की न भाषा हो,

दुख-सुख, आशा न निराशा हो,

लेकर बस असीम मौन की अनुभूति

अंतर्मन से खिलखिलाऊंगा

मौन से खुश रहने की कला सिखाऊंगा,

खोज में था अपने वजूद की,

तलाश में था अपने सुकून की,

जब खुद के मन को टटोला,

मौन रहकर भी बहुत कुछ बोला,

फिर भरकर अमन का झोला

ये निश्चय किया -

आत्मा को परमात्मा से मिलाऊंगा

न अस्त्र, न शस्त्र से बस मौन रहकर

मेरे अंदर निहित दुर्गुणों को हराऊंगा

इस मिथ्या जगत से दूर ले के जाऊंगा

पापी पेट

मजदूरी जब दम से आवाज़ है लगाती,

तब एक मजदूर की मजबूरी है निकलकर आती,

दिनभर की मजबूरी,

मजदूर के हाथों के छालों में जा समाती

न धूप की गर्मी,

न ठंड की बेशर्मी,

बस दो जून की रोटी का स्वाद...

जिसे कहते भूख की अग्नि ही उसे दुखाती, और

परिश्रम की बूंदे बरस कर उसकी प्यास है बुझाती

सीने पे धरकर बोझा, इस पर

समेटे किस्मत का लेखा-जोखा,

जिसे बोझिल बाहें है खींचती, और

बिन सपनों की नींद आकर उन्हें सुलाती

हांफती सांसे, डगमगाते कदम फिर भी आंखो में तसल्ली,

दुख, चिंता और उलझनों का दर्द,
चेहरे पर पड़ी आखिरी उम्र की झुर्रियां उसे छुपाती

एक मजदूर की कहानी हमें यही बताती -
दूसरों के मकान सजाने में खुद की जान लगा डाली,
खुद की न बना पाया वो चारदीवारी,
अपमान का घूंट पीकर भी न मगरूर हुआ वो -
ऐसी होती एक मजबूर मजदूर की कहानी

खामियां

दिन और रात जितनी तेजी से ढलते है

थके पक्षी तेज हवा में जिस तरह से उड़ते है

हो जाए न पथ में रात कहीं,

कि चलों,

अपनी खामियों पे काम करते है

सूरज का तपन से, चांद का शीतलता से,

मिट्टी का पौधों से, मछली का जल से,

नदी का समुंदर से, समुंदर का लहरों से,

चलों, प्रकृति से प्यार सीखते है,

कि चलों,

अपनी खामियों पे काम करते है

होंठों का मुस्कुराहट से, वाणी का मधुरता से,

नींद का सपनों से, मन का शब्दों से,

इम्तिहान का सब्र से मिलान करते है

कि चलों,

अपनी खामियों पे काम करते है

आखिर क्यों?

ये नफरत की आग और अहम् की दीवारें है,

मन की दीवारों में चिपकी,

नजाने कितनी और परतें है,

इन परतों के पार चलते है...

अहम्, घृणा, क्रोध, ईर्ष्या का त्याग करते है

चलो, अपनी खामियों पे काम करते है...

कि चलों,

अपनी खामियों पे काम करते है

बुझों तो जानो

ये जिंदगी क्या है? 'बूझो तो जानों ' एक पहेली है
लगती है पराई कभी, कभी लगती खास सहेली है

किंतु, मन के द्वंद जो हर वक्त करते सवाल हैं,
कि, कभी होती निर्मोही और कभी हितैषी है

और यूं,
जब जिंदगी का समीकरण उलझा-उलझा सा हो,
तब लगती एक डोर से बंधी मानो कठपुतली है
ये जिंदगी क्या है? 'बूझो तो जानों ' एक पहेली है

ये कैसी लुका-छिपी हर वक्त खेलती है,
जब खुश हो तो गपशप बातूनी छवि जैसी है
खामियां जानना चाहूँ तो नाराज़ पाऊं,
मनाने चलूं तो और रूठ जाती है
ये जिंदगी क्या है? 'बूझो तो जानों ' एक पहेली है

कभी ओस की बूंद से भी हल्की,

कभी सागर से ज्यादा गहरा पानी है,

कभी रोशनी के प्याले के नीचे फैला तिमिर,

तो कभी लगती जलती ' ज्योति ' जैसी है

फिर जिंदगी क्या है? 'बूझो तो जानों ' एक पहेली है

यूं तो,

बनते-बिगड़ते हालातों का हिसाब सब रखती है,

जिसमे हर रोज़ नवीन अनुभव का जुड़ता पन्ना है

ये अनबुझे सवालों की एक किताब ऐसी है,

ये जिंदगी क्या है? 'बूझो तो जानों ' एक पहेली जैसी है

अस्तित्व

हे मानव,

ये तुम क्या कर रहे हो?

जलाने के भाव में, स्वयं ईर्ष्या की आग में तप रहे हो

मिटाने की रंजिश में, स्वयं प्रतिक्षण भूमिगत हो रहे हो

हे मानव,

ये तुम क्या कर रहे हो?

मानुष जाति की जो पहचान मिली है,

जो बुद्धि, विवेक आदि से जुड़ी है,

इसे सांझा न कर स्वयं का अस्तित्व खो रहे हो

हे मानव,

ये तुम क्या कर रहे हो?

इंसानियत के तौर तरीकों को भूल कर,

लालच, पाखंड, काम, क्रोध का कफन बांध कर,

तुम इंसानियत पे दाग लगा रहे हो

जानवर की तो फिर भी फितरत वफादारी है,
तुम तो इंसान ठहरे- बेइमानी की खाल ओढ़े घूम रहे हो

तकनीकी की रफ्तार में मनुष्य ये भूल गया
रिश्ते-नाते सब दांव पे लगा गया,
उसे आभास ही नहीं कि,
सुख के लालच में, जीवन का मंगल कब खो गया
अपने अंदर का सोया जानवर जगा रहे हो
हे मानव, तुम स्वयं को स्वयं से तोड़ रहे हो
हे मानव, ये तुम क्या कर रहे हो?

कोरक

कली को हुआ एक भंवरे से प्यार

खिल उठीं वो कली कर के सोलह श्रृंगार

खिलती, महकती, गुनगुनाती...

होंठो पे आया गुलाबी सा निखार

पर उस मासूम को क्या पता...

कि, भंवरा तो दीवाना, पागल है

आज इस पे तो कल उस पे घायल है,

हो चुकी थी वो भंवरे की शिकार

कली के ख्वाब सब तोड़ गया,

तन्हा उसे यूं छोड़ गया,

भंवरा बेगैरत गलियों में हो गया सवार

कली अश्रु का घोल गटकते हुए बोली -

तेरे गुनाहों की क्या सज़ा दूं,

तू तो निकला हुनरमंद कलाकार

फिर, भंवरे पे हंसते हुए बोली -

ये जो धोखे के गहरे जख्म दिए तुमने,

प्यार के हिसाब में मिलेगा सब, रहा तुमपे उधार

शब्द रहित

“हिंदी की नीरव सी बिंदी

यूं तो है ये बड़ी ही जिद्दी

पल में अर्थ का अनर्थ करें जो,

मात्रा के कोने में रहती ये छिपी

चिंतन में लगकर दिशा बना दे,

चिंता से हटकर चिता सजा दे,

मनुष्य की शांत कर दे सभी इंद्री

औरत के माथे पे लगकर,

पहचान दे दे एक...

नही है कीमत इसकी मंदी

हिंदी की नीरव सी बिंदी”

प्रदीप

खुदा या फरिश्ता कि उसका कुछ तो नाम होगा

जो बुझते जीवन को "प्रदीप" की एक लौ देगा

तिमिर की डरावनी रात में,

कोई तो होगा जो थामे हाथ

साथ आपके चल देगा

जब पड़े नज़र भी धुंधली,

बस वो खुदा का ही फरिश्ता होगा

जो आंखो की रोशनी बनकर जीवन संवार जायेगा

तस्वीरें

यादों को वक्त-बे-वक्त दस्तक देती ये तस्वीरें,

आंखो को खुशी व नमी में फंसा देने वाली जंजीरे,

ये तस्वीरें...

पन्नों के साथ पलटती वो तारीखें,

जो सो गई, पर होती उनमें आज भी तकरीरें,

हाय ये तस्वीरें...

जिंदा रहने के लिए जरूरी होती है ये,

मौसमी सी खट्टी-मीठी यादों से भरी तस्वीरें,

कुछ न कहकर बहुत कुछ बोलने वाली तस्वीरें,

कम वक्त में भी समेटे है तमाम लम्हों की लकीरें,

ले जाती है उस दौर में...

जहां खुशबूदार यादों के धागों से दिल मारे हिलकोरे...

यादों से भरी हाय ये तस्वीरें...

पर कभी-कभी कर जाती ये आहत,

याद दिला जाती है बिताई हुई वो रातें जागत,

कुछ साथ - कुछ हाथ छोड़ गए वो पुराने चेहरे,

और कुछ पुराने नए चेहरे में तब्दील करती ये तस्वीरें

यादों को वक्त-बे-वक्त दस्तक देती ये तस्वीरें।।

कितनी जरूरी होती है न ये तस्वीरें,

दूर चाहे कही भी हो, आहट से ही दिल भरें

याद-ए-रफ्ता को जो पुकारें,

यादों को वक्त-बे-वक्त दस्तक देती ये तस्वीरें...

हिसाब - किताब

"कि रुको, थमों फिर आगे बढ़ो

कोई है जो तुम्हारा पीछा कर रहा

ये कर्मों का ही ताप है जो,

तुम्हारे साथ ही जल रहा

उसके पास न कलम, न कागज़

फिर भी सारा लेखा-जोखा है वो रख रहा

कर्म की न है कोई सूची,

जैसी करनी वैसी भरनी,

कर्म ही है जो आयु संग ढल रहा

जो चल रहे भीतर विचार,

ले रहे शब्दों का रूप,

शब्द - कर्म में पिघल रहा

कर्म पिघल-पिघल कर बर्त्ताव में,

बर्त्ताव चरित्र में बदल रहा,

और चरित्र भाग्य में अटल रहा

कि, रुको, थमों फिर आगे बढ़ो,

कर्म है जो तुम्हारा पीछा कर रहा

कर्म ही हमारा साक्षात्कार,

ये है परीक्षा जीवन की,

अडिग रह बने कर्मयोगी

तो जीत अवश्य ही होगी

पर याद रहे -

कर्म ही है जो परछाई बनके संग-संग तेरे चल रहा

कर्म का थप्पड़ होता बड़ा ही भारी,

कर्म ही तय करे मानव-नियति,

कर्म से बड़ी न है कोई शुद्धि,

प्रत्येक आत्मा में यह सुलग रहा

कर्म का खेल लौट कर जरूर है आता,

समय के तराजू में सुकर्म-कुकर्म तोला जाता,

दूसरों के साथ किया छल बर्बाद करेगा,

आज का कर्म कल जरूर मिलेगा,

कर्म से डरिए, इसमें माफी नहीं

जो साथ हमारे जन्म से मृत्यु तक पल रहा,

कर्म ही है जो सारे हिसाब - किताब रख रहा

सहज

क्यों है मन का कागज़ से सहज गहरा रिश्ता
मन को कागज़ की व कागज़ को मन की रहे आवश्कता

मन की स्याही सब बतलाती कागज़ को,
अंतर्भाव लिख डाले कल, आज और कल को,
कागज़ भी बड़ा है भेदी,
इसको मन के लिखने की रहे उत्सुकता

चंचल मन अपितु भरोसा सिर्फ कागज़ पे,
जैसे रत्न चमकता हो ताज़ पे,
मायूसी, उल्लास, शंका, इज़हार सब ये छाप लेता
मन के वेगों का कागज़ ही है स्पष्टवक्ता

शांत, धैर्य कागज़ मन को देख मन ही मन मुस्काता,
कि, कैसे बिखरा हुआ मन स्वयं को समेटकर...
कोरे भावों को कोरे कागज़ पर लिखता जाता

कभी ठहाका, कभी आंसू की बूंदों से है नहलाता,

मन खुद को हल्का कर, कागज़ को कर दे भारी...

न शिकवा, न शिकायत ऐसा है दोनो का रिश्ता

बेजुबां हो के भी समझता है - मन की सब भाषा

यही होती कागज़ की बहुमूल्य परिभाषा

ज्योति की पुकार

रे मनुष्य!

मुझ प्रकृति पर दयाकर...

मैं तुझसे क्या छीनकर?

अपना मुकाम बनाती हूँ

बल्कि,

तुझे सींचकर वृक्ष बनाती हूँ

मैं तुझसे निवेदन ये करती हूं -

पेड़ लगा नहीं सकते, तो पेड़ काटने का अधिकार छोड़

प्रकृति की इन प्यारी रश्मों को क्यों रहा तू तोड़

सुन,

ये जल गुहार है कर रहा -

मुझे गंदा क्यों है कर रहा?

मुझे भी जीने दे, जीने दे मुझे!

मेरा दम है घुट रहा

बारिश की बूंदों से उठती सोंधी-सोंधी खुशबूएं
जो अपनेपन का एहसास है कराती,
कि, मुझे खुली सांस है लेने दो...

नीला आसमां है कहता -
मुझसे मेरा प्रसार मत छीनों
संध्या की लालिमा को बाहों में समाने दो
ठंडी, मुलायम हवाओं को भी यूं ही बहने दो
मुझसे सुहावनी बातें करने दो

धरती कहती - मुझको मत करो खराब,
क्यों फेंकते हो मुझपर यूं दूषित मन, कुकर्म की शराब

"जल, भूमि, अम्बर और ये संपूर्ण वादियां...
चीख-चीख कर है कह रही...
हर बार तुम ये भूल रहे...
जीवन का सार तुम कही खो रहे...
मैं प्रकृति ही हूं जो तुम्हारा

भविष्य संवार रही...
इस 'ज्योति' की लौ...
धूमिल होते जीवन को
प्रज्ज्वलित करने को पुकार रही...

जीना इसी का नाम है

जीने के लिए हो कुछ खुशनुमा पल
जी लो, जी लो जी भर कर...
इससे पहले ये गुम न जाए कहीं कल

थोड़ी सी खुशी में जिंदगी जी लेना,
ऐसा न हो कही वक़्त इसे छीन ले...
वक़्त से इसे बंदगी बना लेना

विकट समय तुम मत घबराना...
उस साये का थामे हाथ तुम आगे बढ़ना
जो ये एहसास कराए कि,
तुम्हे जीना है और बहुत जीना है
खुश रहने में नहीं लगता कोई कर...
डूब जाओ ख़ुशी के सागर में इसे पीकर...
याद रखो...
वक़्त एक सा नहीं,

समय के साथ देखने दुनिया के नज़ारे है,
हम ही कल के चमकते सितारे है,

खुद से कभी मत होना निराश,
और हो सके तो न करना अपनों को हताश,
जिंदगी में और क्या ही हैं रखा...
बोल दो किसी से दो मीठे बोल...
हो जाए किसी के लिए...
जिंदगी के वो पल सबसे अनमोल

प्यार की ज्योति दिल में जगाना...
इसके लिए न करना कोई भी बहाना

हर पल, हर लम्हे का तुम्हे करना है इकरार...
दुख, सुख या हो कोई चुनौती...
मुस्कुरा कर करना है स्वीकार

पन्ना

यादों की किताब में,
एक सुंदर सा आपका पन्ना
सुनहला, चमकता हुआ वो पन्ना...
जो आज भी लगता है मेरा अपना...

ताज़गी से भरा हुआ,
मुस्कुराहट में लिपटा हुआ...
जिसे पढ़कर...
पढ़ने का मन करे और अगला
आपकी यादों का वो प्यारा पन्ना
कुछ ऐसे रिश्ते पनप जाते है,
जो भावनाओं में पले होते है,
वें भावनायें जो दिल के धड़कने से लेकर
सांस टूटने तक जुड़े होते है,
जिन्हें निभाने की रहे हमेशा तमन्ना
आपकी यादों का वो प्यारा पन्ना

लम्हें वो बेशकीमती थे, जो बिताए साथ आपके...

उन्हें कभी-कभी ख़र्च कर लेती हूं...

पर बहुत ही नाप-तौल के...

और जब आपसे मिलने का दिल करे,

तो देख लेती हूं आपका प्यारा सा सपना

यादों की किताब में, एक सुंदर सा आपका पन्ना

जो आज भी लगता है मेरा अपना

जिंदा है

सच कहूं अगर सच में,

तो जिंदा रहने दो मुझे मुझमें

अपनी भी एक दुनिया हो,

जहा न कोई बंदिशें,

न ही हो तमाम कसमें

सच कहूं अगर सच में,

भीगना है उस बारिश में,

जिसकी बूंदों से तन-मन तर हो

ऐसी कुछ बात हो उसमें

सच कहूं अगर सच में,

वो खुशियों का पिटारा

उदासी में भी मुस्कुराहट को खुरचे,

तलाश कर वो उम्मीद

जो बसी है कही अंदर ही तुझमें

सच कहूं अगर सच में,

क्यों भटक रहे बाहरी दुनिया में,

जिनकी घाव भरी हो नजरें,

क्यों उम्मीद करें उनमें,

सच कहूं अगर सच में,

ये जिंदगी प्यारी लगेगी...गर...

खुद से खुद पर यकीं करें,

क्यों ढूंढते फिरते हो...

अपनी खुशियों को सबमें

सच कहूं तो सच में,

कि, हर शाम सिर्फ सूरज नहीं ढलता,

ढलती है जिंदगी भी अपनी

सच कहूं अगर सच में,

जिंदा रहने दो मुझे मुझमें

"यूं छांट रहा है लोगों को
वो ऊपरवाला
जानता है शायद
मेरे ईमान का सब्र"

वो कोना

कोई एक कोना बहुत पसंद होता है,

चाहे वो घर का हो या दिल का,

वो एक कोना एहसास कराता है

खुद के एक वजूद का

चाहे वो किसी खाली मन का हो

या भरी महफिल का,

नजाने उस कोने में ऐसी क्या बात होती है,

कि, दिन कब बीते, शाम भी यूं ही बीत जाती है,

घर के उस कोने में बैठकर...

दिल के इस कोने में ताज़गी सी मिलती है,

चाहे वो सफ़र हो धुंधली यादों का,

या साथ की गई बीती बातों का...

हर दिल की पसंद होता है वो कोना,

चाहे घर का हो या दिल का...

सीख

सीख रही हूं...
कुछ जग से, कुछ खुद से
कुछ चुप रहकर चुपके से
बातों को बनाना,
अब सीख रही हूं

सीख रही हूं...
मैं भी अब दुनियादारी,
नकाब में छिपे चेहरों की दीदारी,
अब सीख रही हूं

सीख रही हूं...
जिंदगी को नजदीक से देखना,
उलझनों और उल्फ़तों से लड़ना,
अब सीख रही हूं

हां, सीख रही हूं...
बिन बात के, मैं भी मुस्कुराना

सीख रही हूं...
हर पल सीख की तलब जगा रही हूं
हर सफ़र में सीख को हमसफर बनाना
अब सीख रही हूं

मेरी पीढ़ी

इन यादों का पुलिंदा
अब बढ़ता ही जा रहा...
हाथ से हाथ और,
साथ भी छूटता जा रहा...

अपनी पीढ़ी को जाते देख,
दिल में दर्द पलता ही जा रहा

कितना दर्द भरा है साथ छूटने का दर्द,
अब तो ख़्याल भी डरा- धमका के जा रहा

काश के,
इन यादों के पुलिंदे को कम कर पाते,
समय की सुई को पीछे घुमा पाते,
खोए हुए हँसते चेहरों को देख खुद मुस्कुरा पाते,
पर समय हमें आईना दिखाता जा रहा

खुशी जरूरी नहीं,

बस दर्द थोड़ा कम हो जाता,

कुछ अधूरी यादों में बची जो बेचैनी है,

मौन का इशारा करता ही जा रहा

हम दुनिया में टिकने नहीं आए,

बस दिन गुजारने है आए,

यें यकीं अब बढ़ता ही जा रहा

इन यादों का पुलिंदा,

अब बढ़ता ही जा रहा,

हाथ से हाथ और...

साथ भी छूटता जा रहा

फ़र्क नहीं पड़ता

अब इस बात पर खफ़ा न हो जाना,

गर कह दूं "अब मुझे फ़र्क नहीं पड़ता,"

तमाम नाराज़गी, रूठना फिर मानना

मना कर फिर रूठ जाने का खेल

अब मुझे नहीं जमता,

बस यूं कि, अब मुझे फ़र्क नहीं पड़ता

मन के कौतूहल से दिल हर वक्त था लड़ता,

जब मुझे फ़र्क था पड़ता

पर अब मन भी शांत और दिल भी चुप रहता,

चूंकि... अब मुझे फर्क नहीं पड़ता

क्या देगी ये दुनिया मुझे,

बह रहा हूं अपनी राह में बिना रुके,

वापस तेरी दुनिया में ये कदम नहीं बढ़ता,

हां... अब मुझे फ़र्क नहीं पड़ता

छोड़ दिया...मैंने उम्मीदों का दामन,
हां...छोड़ दिया अब मैंने उम्मीदों का दामन
वो शीत लहर में चुस्कियां और भीगा सा सावन,
लेकर अपनी तन्हाइयों को बन गया हूं जोगी रमता
क्योंकि अब मुझे फ़र्क नहीं पड़ता

"परख नहीं मुझे अपनों की
या दिल टूटने से डरती हूं
ज़रा कीमती है भावनाएं
गिनती की ख़र्च करती हूं"

अकेला

अकेला होना भी मजबूती की बात है,

खुद से खुद का सामना करना

ये अलग ही जज़्बात है,

अकेला होना कम बात नहीं,

जो जिंदगी को रंगने से लेकर...

खुद से रूबरू होना

अलग पन्नों की एक किताब है,

जब खुद से करते है तमाम बातें,

बीतती है नजाने कितनी जागती रातें,

खुद की गहराईयों में डूबते जाते,

ख्वाहिश और अरमानों की शैय्या में,

खुद से हल और सवालों को रहते पूछते,

खुद से खुद का सामना करना
ये अलग ही जज़्बात है,
अकेला होना भी मजबूती की बात है,
अकेला होना मजबूती का एक छिपा ख़िताब है

--

आशीष

मार्तंड की गर्म मुस्कुराहट में पिघलकर,

अपने कंधो में अपनी बेटियों को चढ़ाकर,

संभ्रांत महिला जैसे सफ़ेद हिमालय सामने खड़ा है।।

विधु समान शीतल बेटियां शीतलता तले

नंग - धड़ंग उज्ज्वल सी, पिता से लग रही गले,

बेटियों के कलकल से पिता का आंगन खुशियों से भरा है।।

बाल लीलाएं इनकी देखकर व्याकुल गोरा पर्वत,

कैसे विदा करूं इन्हे, मन में पीड़ा व उदासी का एक पर्दा है।।

संकरी, पतली बेटियां मैदान में उतरकर विशाल रूप धारण कर

लेती है,

पिता की गोद से उठकर साहस, धैर्य, बड़प्पन की परिभाषा देती है,

ये देख हिमालय बेटियों के लिए दामाद रूपी सागर को खोजा है।।

बेटियों के अवलंबन में हिमायल अब बूढ़ा हो चला,

गोद में पली बेटियों को मैदान में उतारने को बढ़ा,

पर नजाने वो उल्लास, कौतूहल बेटियों का कही खो गया है।

यह देख पिता हिमालय के हृदय में भारी बोझा है।।

शांत, गंभीर हिमालय इतना भोला है,

दिन - रात सोच कर ये रोता है,

मेरी निश्चल, स्वच्छ बेटियों को कोरा ही रहने दो,

प्रगतिशील जल में मुदित मन को बहने दो,

ले-लो दहेज़ में तुम वो सब ममता, ताज़गी का जो दिया झोला है।।

मेरी बेटियां खुशी की धारा में बहती रहे,

जिस गली, जिस शहर से गुजरें गुनगुनाती रहे,

सौभाग्यशाली सागर, दे रहा हूं आशीष तुम्हे

कि, मेरी बेटियों का हाथ थामने का श्रेय तुम्हे मिला है।।

--

जीवन - साथी

जीवन में जीवन साथी का जब साथ हो,

राह कितनी भी मुश्किल क्यूँ न हो

सब आसानी से मिलकर पार हो,

विश्वास, ईमानदारी की सांठ गांठ हो

निश्चल प्रेम की ओर करवट हो

तब जाकर इस बंधन से जीवन सार हो

दुखों की कितनी भी भारी मार हो

जब खूबसूरत साथ का हाथ हो

रूह तक उतरने वाला राज़दार हो

तब न तो बोझिल मन,

न ही सिर पर कंटीला भार हो

रिश्ता वो जहा, जहाँ की खुशियां अपार हो

भरोसे के धागे में बुनी वफ़ा की माला
भावनाओं से भरा प्यार का प्याला
एक दूसरे के लिए मज़ाह - निगार हो

ऐसे जिंदगी कट जाएगी साथ साथ
जीने से मरने तक एक-दूसरे के शुक्र-गुजार हो

रिटायरमेंट

इंतजार है मुझे, तुम्हारे रिटायरमेंट का...

जब साथ सुकूं से बैठेंगे

न जिंदगी की भागदौड़

न दौड़ में जीतने ही होड़,

सब खोया-पाया समेट कर,

चाय के प्यालों संग चुस्कियां साथ भरेंगे

बेशक अख़बार तुम्हारा होगा,

पर खबरों का दरबार हमारा होगा,

संग हंसी-ठहाका से दिन की कुछ यूं शुरुआत करेंगे

इंतजार है मुझे, तुम्हारे रिटायरमेंट का...

जब साथ सुकूं से बैठेंगे

तुम्हारे साथ रिटायरमेंट मेरा भी तो होगा,

तब यादों की किताब को खोल संग बैठ के पढ़ेंगे,

ये दिन भी निकल जाएंगे ऐसा बोला करते थे...

उन मुश्किल दिनों की तारीखें भी साथ गिनेंगे,

बहुत इंतजार है मुझे, तुम्हारे रिटायरमेंट का...

जब साथ सुकूं से बैठ,

खोया-पाया समेट सब याद करेंगे

"वर्तिका है आयु मेरी,
"ज्योति" मेरा नाम
दीप माटी का मैं "ज्योति"
बनकर जलना चाहती हूं"

बादलों से पहचान अभी बाक़ी है

हक़ का आसमान अभी बाक़ी है

अभी तो बस पंख फैलाए हैं

तुम्हारी उड़ान अभी बाक़ी है

ईश्वर तुम्हें उड़ने को पूरा आसमान दे।

अनंत शुभकामनाएँ

—रेखा ड्रोलिया 'रेखांकन'

आत्मा के सौंदर्य का

शब्द रूप है काव्य,

मानव होना भाग्य है

कवि होना सौभाग्य

—गोपाल दास 'नीरज'